JACOB MOSER

Umschlag vorn:
Jacob Moser (1839 Kappeln – 1922 Bradford)
Porträtaufnahme, Ausschnitt, siehe auch Seite 6

Die Stadt Kappeln,
die Kulturstiftung des Kreises Schleswig-Flensburg,
die Nord-Ostsee Sparkasse,
das Jüdische Museum Rendsburg
sowie Elke und Wilfried Boysen (Hamburg)
haben die Drucklegung dieses Bandes durch finanzielle Zuwendungen gefördert.

BERND PHILIPSEN

JACOB MOSER

UNTERNEHMER – PHILANTHROP
WEGGEFÄHRTE THEODOR HERZLS

HENTRICH & HENTRICH
STIFTUNG NEUE SYNAGOGE BERLIN
CENTRUM JUDAICUM

JÜDISCHE MINIATUREN
SPEKTRUM JÜDISCHEN LEBENS
Herausgegeben von Hermann Simon

Band 60 JACOB MOSER

Druck: Brandenburgische Universitätsdruckerei und
Verlagsgesellschaft Potsdam mbH

1. Auflage 2007
Printed in Germany
ISBN 978-3-938485-52-1

Inhalt

Jacob Moser (1839 Kappeln – 1922 Bradford)

Herzl: Moser möchte ich nicht verlieren

»Mit Moser bitte ich aber sanft umzugehen. Den möchte ich nicht verlieren.« Die Sorge, die Theodor Herzl 1903 in einem Brief an seinen engen Vertrauten David Wolffsohn in Köln äußerte, war unbegründet: Jacob Moser (1839–1922) war und blieb ein treuer persönlicher Freund und ein verlässlicher Helfer von Herzl und ein glühender Anhänger und zupackender Protagonist der zionistischen Idee; er sah sich stets in der Ehrenpflicht, ihm zusätzlich angetragene Ämter und Aufgaben, auch wenn sie noch so viel Zeit und Kraft kosteten, zu übernehmen. Von Beruf Kaufmann, der es zum Unternehmer von prosperierenden Betrieben mit weltweiten Verbindungen brachte, hatte er immer auch über den »Tellerrand« seiner Profession hinausgeschaut und ein von philanthropischen Neigungen getragenes, breitangelegtes gesellschaftliches Engagement entwickelt. Im jüdischen Bürgertum war eine solche Einstellung stark ausgeprägt. Danach diente Wohlstand nicht nur dem eigenen Lebensstandard, sondern sollte auch – ganz im Sinne der jüdischen Ethik und des religiösen Gebots der Wohltätigkeit – anderen Menschen zu Gute kommen. Dabei ging – wie auch bei Jacob Moser – der altruistische Einsatz über die jüdischen Kreise hinaus. Er initiierte und finanzierte nicht nur Großprojekte im Herzl'schen Sinne im damaligen Palästina, auch in seiner Vaterstadt Kappeln an der Schlei und in seiner neuen Heimat, der Industriestadt Bradford in Nordengland, begründete er zahlreiche Stiftungen zugunsten der gesamten Bevölkerung. Er sah sich aber nicht in der Rolle des bloßen Geldgebers, sondern identifizierte sich mit den von ihm geförderten Vorhaben und begleitete offensiv deren Aufbau und Wirken.

Kappeln – Hamburg – Paris

Der weltläufige Moser – er verstand sich als Kosmopolit und beherrschte mehrere Sprachen – verleugnete nie seine Herkunft aus kleinstädtischem Milieu. Er blieb sein Leben lang eng seiner alten Heimat im Nordosten Schleswig-Holsteins verbunden und nahm intensiv Anteil an der Entwicklung seiner Geburtsstadt Kappeln. Dort wurde er am 28. November 1839 als Jacob Moses in eine Kaufmannsfamilie hineingeboren, die von seinem Großvater gleichen Namens begründet worden war. Das »Manufactur-Waaren-Geschäft« ging später auf seinen Vater Moses Jacob Moses über. Erziehung und Ausbildung von Jacob, der als ältester Sohn aus Familientradition das Kappelner Geschäft übernehmen und weiterführen sollte, ruhten auf mehreren Schultern. Der Schulbesuch wurde ergänzt durch von Privatlehrern erteilten Unterricht. Im Alter von zwölf Jahren wurde er der erzieherischen Obhut des Rabbiners Dr. Naphtali Frankfurter in Hamburg anvertraut. Der Reformrabbiner und Prediger an der Hamburger Tempelgemeinde lehrte ihn, »daß sich das Judentum nicht allein in Zeremonie entfalte, sondern daß es auch eine Frage des Herzens und des persönlichen Verhaltens sei«, wie es später in einem Nachruf hieß.

Von der Pike auf erlernte Jacob Moses den Beruf des Kaufmanns. Der eigene Vater war sein gestrenger Lehrherr. In dessen Einzelhandelsgeschäft in Kappeln absolvierte er seine vierjährige Kaufmannslehre. Danach wechselte er wieder nach Hamburg, um – vermutlich im Betrieb seines Onkels Julius Moses – erste praktische Erfahrungen als Kaufmannsgehilfe zu sammeln und Fremdsprachenunterricht zu nehmen. Dort, in der weltoffenen Hanse- und Handelsstadt, wurde ihm bewusst, dass ihn die häusliche Enge und das provinzielle Klima in Kappeln in seinen persönlichen und beruflichen Entwicklungsmöglichkeiten beeinträchtigen würden. Es reifte in Jacob der Entschluss, die ihm zugedachte Geschäftsnachfolge in Kappeln zugunsten seines Bruders Adolph auszuschlagen und selbst »in die Welt zu ziehen, um sein Glück zu suchen«.

Zeitpunkt und Motiv der Namensänderung von Moses auf Moser liegen bei Jacob noch im Dunkeln.

Englische Biographien sprechen von einem Schreibfehler. So schrieb die Zeitung »Yorkshire Observer« (1922) aus Bradford: »Die Änderung war die Folge einer Buchstabenverwechslung. Anlässlich einer Reise nach Spanien wurde sein Name in den Reisepapieren fälschlicherweise als Moser gelesen. Moser entschied sich daraufhin, den Namen anzunehmen und erhielt dafür die Zustimmung seines Vaters und die der Behörden.« Es kann aber auch eine bewusste Entscheidung von Jacob Moses gewesen sein, seinen Familiennamen in »Moser« abzuändern – wie es sein Onkel, der Arzt Dr. Jacob Samuel Moser, bereits 1836 getan hatte. Möglicherweise fiel die Namensänderung von Jacob Moser in seine Hamburger Zeit, als er von dort zu einer Informationsrundreise durch die Metropolen Europas aufbrach.
Im Jahre 1861 ging Jacob Moser zunächst nach Paris. In der französischen Metropole erlebte er Höhepunkt und Glanz der Regierungszeit von Napoleon III. und knüpfte – beflügelt durch den 1860 geschlossenen britisch-französischen Handelsvertrag (»Cobdenvertrag«) – bereits weiterführende Kontakte nach England, seiner zukünftigen Heimat.

»Little Germany« in Bradford

Zwar hatte die »Allgemeine Zeitung des Judenthums« 1847 noch davor gewarnt, nach England auszuwandern, indem sie in einem Korrespondentenbericht aus London »traurige Zustände unsrer ausländischen armen Brüder, die hier in England einwandern« konstatierte, doch die Goldgräberstimmung vor allem in der nordenglischen Region der Textilindustrie überstrahlte alle Bedenken und Vorbehalte. Eine dieser Boomtowns war Bradford, eine aufstrebende, betriebsame Industriestadt in der Grafschaft York, von der sich – wie zahlreiche weitere deutsch-jüdische Kaufleute – auch Jacob Moser angezogen fühlte.

Als sich Moser schließlich im Jahre 1863 in Bradford niederließ, hatte sich die 100.000-Einwohner-Stadt bereits als Zentrum der englischen Woll-, Baumwoll- und Seidenfabrikation etabliert. Deutschsprachige Lexika jener Zeit heben besonders »eine ansehnliche Kolonie Deutscher« in Bradford hervor. Noch heute trägt ein Innenstadt-Areal, in dem sich in der zweiten

Hälfte des 19. Jahrhunderts schwerpunktmäßig zugewanderte Kaufleute aus dem deutschsprachigen Raum angesiedelt hatten, die in jener Periode entstandene Bezeichnung »Little Germany«.
In den ersten neun Jahren nach seiner Übersiedlung nach England stand Jacob Moser in Diensten verschiedener Bradforder Unternehmer, die allesamt mit Wolle, Stoff und Garn handelten. In dieser Zeit erarbeitete und ersparte er sich das Grundkapital, um im Jahre 1872 zusammen mit dem ebenfalls aus Deutschland stammenden Victor Edelstein als Kompagnon eine eigene Firma zu gründen. Gestartet wurde mit einem kleinen Team von Kaufleuten und Spediteuren. Vor allem unter Mosers Regie avancierte das Kammgarn- und Wollwarenunternehmen zum größten Exporthaus am Platze. Es expandierte bald weit über den englischen Markt hinaus. Mit zunehmendem Erfolg wurden weltweit geschäftliche Verbindungen geknüpft – sie reichten bis nach Südamerika und Kanada – und erhebliche Gewinne erzielt. Augenfälliger Höhepunkt dieser rasanten Entwicklung war 1902 der Bau eines repräsentativen Geschäftshauses der Firma im Stadtteil »Little Germany«. Jacob Moser

zog sich von diesem Zeitpunkt an zwar schrittweise aus dem Alltagsgeschäft zurück, blieb dem Unternehmen aber als »graue Eminenz« in den kommenden Jahren weiterhin eng verbunden.
Das stattliche Kapitalvermögen, das er in den vorausgegangenen drei Jahrzehnten erwirtschaftet hatte, setzte Moser in die Lage, seinen altruistischen Neigungen entsprechend auf verschiedenen gesellschaftlichen Feldern Aktivitäten zu entfalten, die ihn zu einem pragmatisch handelnden und zugleich von Visionen inspirierten Philanthropen machten.

Inspirator des jüdischen Gemeindelebens

Moser hatte sich rasch in Bradford heimisch gefühlt, aber auch deutlich die Defizite im Leben der jüdischen Gemeinschaft erkannt und – neben dem Aufbau seiner eigenen bürgerlichen und beruflichen Zukunft – durch nachhaltige Initiativen eine positive Entwicklung eingeleitet. Seine Bemühungen führten 1872 zur Gründung der ersten jüdischen Gemeinde in Bradford und – auch mit finanzieller Hilfe des Inspirators, der den größten Teil der Kosten übernahm – 1877 zur Schaffung eines Friedhofes und 1881 zum Bau einer Synagoge samt Schule. Das Inventar der im maurischen Stil errichteten Synagoge hatte Moser, der viele Jahre das Präsidentenamt der Synagogengemeinde bekleidete, zum Gedenken an seinen Vater gestiftet, der zwei Jahre zuvor in Kappeln verstorben war. Diese Synagoge in der Bowland Street war insofern für Großbritannien bemerkenswert, als sie der religiösen Reformbewegung verpflichtet war: Sie war nach London die zweite Reform-Synagoge im ganzen Land. Als zwei Jahre

Noch heute stadtbildprägend:
Bradfords von Jacob Moser mitgegründete Reform-Synagoge

später in Bradford auch eine orthodoxe Synagoge errichtet werden sollte, gehörte Moser als Mitglied der Reformgemeinde wie selbstverständlich wiederum zu den ersten Stiftern und Förderern. Der Synagogenbeirat bat ihn daraufhin, den Grundstein für den Neubau in Spring Gardens zu legen. Mosers Einsatz zugunsten jüdischer Institutionen beschränkte sich aber nicht nur auf Bradford: Mit einer generösen finanziellen Zuwendung war er an der Gründung des jüdischen Krankenhauses in der Nachbarstadt Leeds 1905 entscheidend beteiligt. In Verehrung des Moser-Freundes Theodor Herzl trug das Haus den Namen des Vorkämpfers des politischen Zionismus; nach dem Tode Mosers wurde das Krankenhaus in Herzl-Moser-Hospital umbenannt, um auch den Namen des Stifters zu ehren. Zudem förderte Moser den Betrieb des 1904 eröffneten Victoria Memorial Jewish Hospital in Manchester.

Unermüdlicher Helfer von Herzl

Bald wurden Moser zusätzliche Ämter in jüdischen und zionistischen Organisationen und Institutionen angetragen – ehrenvolle, aber auch arbeitsintensive Aufgaben, die viel Zeit und Kraft beanspruchten. Inzwischen hatte er sich völlig der zionistischen Idee verschrieben. Sein unermüdliches Engagement für Theodor Herzl, dem er als tat- und finanzkräftiger Helfer diente, und seine Freundschaft mit dem Wegbereiter des politischen Zionismus führten zur Übernahme von zahlreichen verantwortungsvollen ehrenamtlichen Funktionen. Er war Vizepräsident der englischen Zionisten-Föderation, Mitglied des Jüdischen Nationalfonds und des Großen Aktionskomitees der weltweiten Zionistischen Vereinigung, Teilnehmer und Präsidiumsmitglied einer Reihe von zionistischen Weltkongressen sowie Mitarbeiter im Jewish Colonial Trust und der diesem finanziellen Instrument zur Besiedlung Palästinas angegliederten Anglo-Palestine Corporation. Ferner saß er zusammen mit den Spitzen der zionistischen Bewegung

Ein Jahr vor dem Tode Theodor Herzls 1904 entstand dieses Foto, das Herzl (erste Reihe sitzend, Mitte rechts, mit dunklem Vollbart) zusammen mit Weggefährten aus verschiedenen Teilen Europas zeigt. Rechts hinter ihm (in der zweiten Reihe hinter der Dame mit Hut) steht Jacob Moser aus Bradford

– darunter neben Herzl auch Chaim Weizman, ab 1948 erster Präsident des neuen Staates Israel – in einer Kommission zur sogenannten Ostafrika-Frage, in der die Chancen der britischen Idee von einer autonomen jüdischen Siedlung in Uganda ausgelotet werden sollten.

»Seine unermüdliche Hingabe, sein nie versagender Opfermut, die ganze lebendige Art seiner zionistischen Betätigung haben den rüstigen Greis, der allerdings an Tätigkeitsdrang manchen Jüngeren in den Schatten stellen könnte, zu einer der populärsten Figuren innerhalb der ganzen zionistischen Bewegung gemacht«, würdigte das von Theodor Herzl gegründete Wochenblatt »Die Welt«, laut Untertitel das »Zentralorgan der zionistischen Bewegung«, 1909 anlässlich des 70. Geburtstags Jacob Mosers dessen Einsatz. Und: »In einem Alter, in dem er das Recht hätte, der verdienten Ruhe zu pflegen, hat Jacob Moser den reichen Schatz seiner Persönlichkeit und seiner ungeschwächten Arbeitskraft der Sache seines geliebten Volkes zur Verfügung gestellt.«

Bildungsinstitute für Palästina

Zu diesem Zeitpunkt wurden bereits erste Teilerfolge der praktischen Palästina-Arbeit Mosers sichtbar. Entscheidende Impulse für den Aufbau in dieser Entwicklungsregion im Nahen Osten hatte Moser, der bei seinen Initiativen vorrangig auf die Jugend setzte und deren Zukunftschancen zu verbessern suchte, durch den von ihm betriebenen Neubau eines hebräischen Gymnasiums in Tel Aviv-Jaffa, durch finanzielle Hilfen für das hebräische Gymnasium in Jerusalem und die materielle und ideelle Unterstützung der Kunst- und Gewerbeschule »Bezalel« in Jerusalem gegeben – Bildungseinrichtungen, deren Entwicklung er Zeit seines Lebens offensiv begleitete. Noch heute spielen diese Institutionen eine bedeutende Rolle auf dem Gebiet der israelischen Bildungs- und Kulturpolitik.

Auf dem achten zionistischen Kongress, der vom 14. bis 21. August 1907 im niederländischen Den Haag stattfand, hatte sich Jacob Moser öffentlich zu einem erheblichen finanziellen Engagement zugunsten der

Auf dem Zionistischen Kongress 1907 in Den Haag kündigte Jacob Moser (hier rechts auf einem Foto mit weiteren hochrangigen Tagungsteilnehmern) sein finanzielles Engagement für Palästina an

beiden ambitioniertesten Bildungsprojekte in Palästina verpflichtet. Herzls »Welt« dokumentierte Mosers Entscheidung mit folgenden Worten: »Der Präsident [des Kongresses, David Wolffsohn] verkündet unter langanhaltendem stürmischen Beifall des Hauses, daß der Delegierte Friedensrichter Moser aus Bradford gestiftet hat: 10.000 Mark in Jahresraten á 1.000 Mark für die Kunstgewerbeschule Bezalel in Jerusalem, und 80.000 Mark für ein hebräisches Gymnasium in Palästina, woran er nur die Bedingung geknüpft hat, daß dieses Gymnasium den Namen Theodor-Herzl-Gymnasium trage. (Langer, sich immer wieder erneuernder Beifall.)«
Moser war nicht nur Ideengeber und Finanzier, sondern auch Motor dieser Unternehmungen. Als er Anfang des Jahres 1908 nach Palästina reiste, nahm er in Tel Aviv an einer Sitzung des pädagogischen Rates des 1905 gegründeten hebräischen Gymnasiums teil, um weitere Schritte zum Bau eines eigenen Schulgebäudes vor Ort abzustimmen. Dabei bestätigte er seine in Den Haag gemachte Finanzierungszusage, so dass – so die deutschsprachige Monatsschrift »Palästina« – beschlossen wurde, »so-

fort mit den Vorbereitungen zum Bau des Gymnasiums zu beginnen. [...] Bis zur Vollendung des neuen Gebäudes übernimmt Herr Moser auch die Zahlung der Miete für die bis jetzt innegehabten Räume. Bei der Abschiedsfeier, die die Mitglieder des Gymnasiums Herrn Moser gaben, sprach dieser seine Genugtuung über das schöne Verhältnis aus, das zwischen Lehrern und Schülern [...] herrsche, über die Munterkeit und Lebensfreude der Schüler, und gab der Hoffnung Ausdruck, daß er bald nach Palästina zurückkehren könne, um an der Einweihung des neuen Gymnasiums teilnehmen zu können.«

Das stattliche, repräsentative Gebäude für das Herzlia-Gymnasium wurde in Anlehnung an einen Entwurf errichtet, der von dem Architekten Joseph Barsky vorgelegt worden war, einem Schüler der nach »Bezalel«, dem ersten in der Bibel erwähnten jüdischen Künstler, benannten Kunstgewerbeschule in Jerusalem. »Die Gliederung des langgestreckten Gebäudes wirkt vorzüglich«, kommentierte der Zionist und Autor Adolf Friedemann in einem 1911 in der Monatsschrift »Ost und West« erschienenen Aufsatz über »Jüdische Kunst in Palästina« den

Barsky-Plan und schrieb weiter: »Den großen Mitteleingang flankieren nach altorientalischer Bauart mächtige Pylonen, und auch an den Seitenflügeln sind diese architektonisch verwendet. Die Zinnenbekrönung ist aus dem Arabischen entnommen, ebenso wie die Mittelkuppel. Trotz dieser sehr eigenartig wirkenden Stilelemente zeigt das Gebäude dem Beschauer sofort den modernen, allen schulhygienischen Erfordernissen angepaßten Charakter.«
Das markante Bauwerk am nördlichen Ende der Herzlstraße wurde zu einem Wahrzeichen dieses neuentstehenden Stadtviertels. Mit der exponierten Lage des Gymnasiums sollte zugleich zum Ausdruck gebracht werden, welche dominante Position die öffentliche »Kulturanstalt«, wie es 1912 in einem Schreiben des jüdischen Zentralbüros in Palästina an Jacob Moser hieß, in der neuen zionistischen Gesellschaft einnimmt, so die Architekturhistorikerin Anna Minta aus heutiger Sicht. Und sie fährt fort: »Über die prominente Lage hinausgehend, vermittelt auch die Architektur des Gymnasiums in ihren historisch-stilistischen Allusionen und in ihrer symbolischen Qualität die Erwartungen, die an eine solche

Bildungsinstitution gerichtet werden. Die Architektur konstruiert dabei einen Brückenschlag in die Vergangenheit, um über sie die Perspektive einer verheißungsvollen Zukunft aufzuzeigen.« Im schließlich ausgeführten Bauplan entfielen die hohe Kuppel und ein sichtbares Dach – zwei Änderungen am Barsky-Entwurf, »die dem Wunsch des Bauherrn, der Gesellschaft des Hebräischen Gymnasiums in Jaffa, nach einer stärkeren Betonung des Monumentalen und des Altorientalischen im Gegensatz zum Islamischen« entsprachen.
Zur Fertigstellung des Schulgebäudes 1910 weilte Moser – wie 1908 in Begleitung seiner Ehefrau Florence, die seine philanthropischen Ambitionen teilte und ihn dabei unterstützte – wiederum in Palästina. Sein erneuter Besuch ging nicht ohne weitere nennenswerte Hilfszusagen zu Ende. Davon profitierte im besonderen Maße das hebräische Gymnasium, das erste dieser Art weltweit. »Unsere Anstalt wird zu einem Sammelort der Verbannten«, stellte die Schulleitung in einem 1910 in der »Welt« veröffentlichten Rechenschaftsbericht fest. »Wir haben außer den Palästinensern Schüler aus Amerika, Australien,

Das markante Gebäude des hebräischen Gymnasiums am nördlichen Ende der Herzlstraße in Tel Aviv wurde zu einem Wahrzeichen dieses neuentstehenden Stadtviertels

Südafrika, aus allen Teilen Rußlands, aus Rumänien und Portugal. Das, was die Schüler trotz all ihrer Verschiedenheiten einigt und untereinander verbindet, ist die Sprache – das Hebräische, und die Liebe zum Lande – zu Palästina.« Das Gymnasium habe sich zur Aufgabe gesetzt, »allgemeine Bildung, die Kulturwerte Europas mit jüdischem Wissen, mit Kenntnis des eigenen Volkes, seiner Geschichte, seiner reichen Kultur, seiner neu aufblühenden Sprache zu vereinen; es will seine Schüler zu guten Juden und zu tüchtigen Menschen zugleich erziehen«.

Bevor Architekt Barsky den Initiatoren seine Pläne für das imposante, stadtbildprägende Schulgebäude präsentiert hatte, waren sie Professor Boris Schatz zur Begutachtung vorgelegt worden. Der Gründer und langjährige Leiter der »Bezalel«-Kunst- und Gewerbeschule war von Hause aus zwar kein Architekt, aber eine allgemein anerkannte künstlerische Instanz. Er war angetan von dem Entwurf und hatte die Papiere abgezeichnet.

Auch Schatz, der nach Absprache mit Herzl die Kunstschule 1906 in Jerusalem aufgebaut hatte, fand in Moser einen großzügigen Förderer. Jacob Moser

In diesem Gebäude einer ehemaligen Palastanlage in Jerusalem startete 1906 die »Bezalel«-Akademie mit ihrer Arbeit. Über dem Eingangstor ist heute noch der Schriftzug »Bezalel« zu erkennen

Im Sommer 1913 stand Jacob Moser in Bradford dem Bildhauer Joseph Hebroni (auf dem Foto links) Modell. Nach diesem Tonmodell entstand anschließend – vermutlich in Berlin – die Bronzebüste

half nicht nur durch direkte finanzielle Zuwendungen an die Schulleitung, sondern auch dadurch, daß er als Mäzen einzelne »Bezalel«-Absolventen förderte. Der einstige Kaufmann Moser entdeckte seine Liebe zur Kunst und entwickelte sich zu einem passionierten Sammler. »Sein Haus [in Bradford] war voll mit Kunstgegenständen aus dieser Einrichtung«, notierte 1922 »The Jewish Chronicle« aus London.

So hatte Moser den ehemaligen »Bezalel«-Schüler Jeseph Hebroni, der als junges Talent zur Fortsetzung seiner Studien 1908 nach Berlin gekommen war, im Sommer 1913 nach England eingeladen, um sich von dem Bildhauer, der später bekannt wurde als Porträtist bedeutender Persönlichkeiten wie Albert Einstein, Max Liebermann und Aba Eban, modellieren zu lassen. Es ist anzunehmen, dass der hebräische Schriftsteller und Lexikograph Elieser Ben Jehuda den Kontakt zwischen dem Auftraggeber und dem Künstler hergestellt hatte – er war mit beiden befreundet: Ben Jehuda war ein Förderer Hebronis und empfing seinerseits die Unterstützung Mosers bei der Herausgabe des Gesamtwörterbuchs der alt- und neuhebräischen Sprache. Der angereiste Künstler fertigte in Bradford ein Tonmodell Mosers an, nach dem später eine Bronzebüste gegossen wurde. Sie ist leider verschollen.

Wie ausgeprägt seine Affinität zu Kunst und Künstlern war, lässt sich an einem weiteren Beispiel belegen: 1907 vermachte er der Tate-Gallery in London ein von dem Bradforder Maler William Rothenstein geschaffenes Gemälde, das eine Gruppe trauernder Juden in einer Synagoge zeigt.

Über Mosers Motive für sein außergewöhnliches und nachhaltiges Palästina-Engagement können einige kurze Diskussionsbeiträge während des elften Zionistenkongresses vom 2. bis 9. September 1913 in Wien Auskunft geben. Den historischen Beschluss dieses Kongresses, in Jerusalem eine hebräische Universität zu gründen, nahm Tagungsvizepräsident Julius Simon zum Anlass, »derjenigen zu gedenken, die den Grundstein zu diesem Werke durch die Gründung der Gymnasien in Palästina gelegt haben, vor allem aber jenes Mannes, der durch seine Hochherzigkeit die Existenz des hebräischen Gymnasiums in Jaffa erst ermöglich hat, des Herrn

Moser«. Durch lebhaften Beifall unterbrochen, ergänzte Simon, dass Moser weitere namhafte Spenden zugesagt habe, auch jährliche Beiträge, so dass die Fortentwicklung der Schule zunächst gesichert sei. »Wir beglückwünschen uns, wir beglückwünschen die jüdische Jugend, die in Palästina erzogen wird, zu dieser Hochherzigkeit und wünschen, daß sie in unseren Reihen viele Nachahmer finden möge.«
Das waren ihm zu viele Lorbeeren, und Jacob Moser antwortete, mit stürmischem Applaus der Kongressteilnehmer am Rednerpult empfangen: »Ich danke Ihnen für Ihre Anerkennung, erkläre aber, daß ich sie nicht in dem Maße verdiene, weil ich nur eine Pflicht erfülle, die ich vor Jahren übernommen habe. Ich habe mich mit unserem unvergeßlichen Führer [damit meinte er Theodor Herzl; d. Verf.] darüber beraten, was ich in Palästina errichten soll. Leider hat es die Zeit nicht zugegeben, daß ich von ihm direkt eine Meinungsäußerung bekommen hätte, was es sein sollte. Auf dem Haager Kongresse habe ich mich meiner Schuld zu entledigen gesucht und deshalb auf Empfehlung von Freunden das Gymnasium errichtet. Ich habe damit nicht mehr getan,

als meine Pflicht erfüllt, indem ich ein Versprechen eingelöst habe. Ich habe damit die Errichtung eines Monumentes in Erez Israel, freilich nur in Stein, für unseren unvergeßlichen Führer verbinden wollen. Das Haus heißt ›Herzlia‹. Sie bedenken nicht, daß nicht demjenigen der Dank gebührt, welcher die Schule gegründet hat, sondern denjenigen, welchen dadurch die größten Opfer auferlegt sind, nämlich den Professoren und Lehrern dieser Anstalt. Sie können diesen Herren den Dank dadurch am besten ausdrücken, daß Sie den schon begonnenen eisernen Fonds komplettieren und sobald als möglich auf 500.000 Frcs. hinaufzubringen suchen. Die Zinsen dieses Kapitals sollen dazu verwendet werden, diesen Herren eine genügende Existenz zu bereiten. Denn in welcher bescheidenen Weise diese Herren mit ihrer Familie zu leben haben, davon macht sich nur der einen Begriff, der in Palästina gewesen ist. Diesen Herren also bitte ich Sie, an dieser Stelle den Dank zu zollen und ihm dadurch den gebührenden Ausdruck zu geben, daß Sie nach und nach ihr Interesse dafür zeigen, diesen Fonds zu komplettieren.«

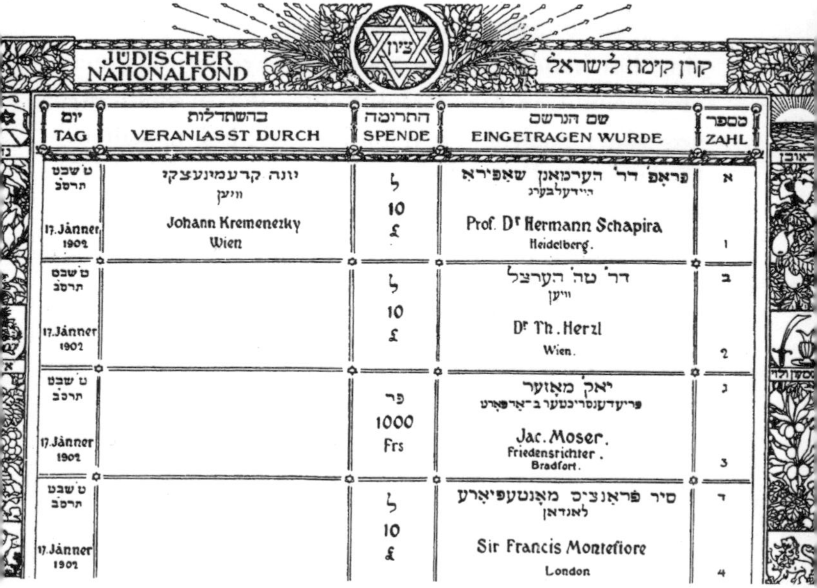

JÜDISCHER NATIONALFOND — ציון — קרן קימת לישראל

יום TAG	בהשתדלות VERANLASST DURCH	התרומה SPENDE	שם הנרשם EINGETRAGEN WURDE	מספר ZAHL
ט׳ שבט תרס״ב 17. Jänner 1902	יונה קרעמינעצקי וויען Johann Kremenezky Wien	ל 10 £	פראָפ׳ דר׳ הערמאנן שאַפּירא היידעלבערג Prof. Dr Hermann Schapira Heidelberg.	א 1
ט׳ שבט תרס״ב 17. Jänner 1902		ל 10 £	דר׳ טה׳ הערצל וויען Dr Th. Herzl Wien.	ב 2
ט׳ שבט תרס״ב 17. Jänner 1902		פר 1000 Frs	יאַק מאָזער פריעדענסריכטער ב-ראַדפאָרט Jac. Moser. Friedensrichter. Bradfort.	ג 3
ט׳ שבט תרס״ב 17. Jänner 1902		ל 10 £	סיר פראַנציס מאָנטעפיאָרע לאנדאן Sir Francis Montefiore London	ד 4

Als 1902 das Goldene Buch des Jüdischen Nationalfonds eingeführt wurde, gehörten Theodor Herzl und Jacob Moser zu den Erstgenannten

Aus dem Denken und Handeln von Moser sprachen eine tiefe Verehrung und Hochachtung, die er seinem Freund und Vorbild Herzl und dessen Wirken entgegenbrachte. Die Nähe Mosers zu Herzl lässt sich an zwei weiteren Beispielen dokumentieren: Als 1902 das Goldene Buch des Jüdischen Nationalfonds eingeführt wurde, um darin mit Namensnennung die herausragenden Spender und Förderer der zionistischen Bewegung zu würdigen, gehörten Herzl und Moser zu den Erstgenannten. Die Liste wird angeführt von dem Rabbiner, Mathematikprofessor und Zionisten Hermann Schapira, dem posthum diese Ehre zufiel. Ihm folgen auf den Plätzen zwei und drei Theodor Herzl und Jacob Moser. Auch nach dem frühen Tod Herzls 1904 war Moser seinem Idol und Freund sehr nahe: Über 6.000 Trauergäste – einheimische, aber auch aus aller Welt angereiste Juden und Nichtjuden – folgten durch ein dichtes Spalier von Menschen, die den Straßenrand säumten, dem schlichten Sarg mit den sterblichen Überresten des Zionisten-Führers. Unmittelbar hinter dem Leichenwagen schritten seine engsten Vertrauten und Weggefährten, darunter auch Jacob Moser. Mitglieder des zionistischen Aktions-

An Stilelemente des historischen Schulgebäudes knüpft dieses Portal an, das anlässlich des Jubiläums des Gymnasiums im Jahre 2005 vor dem modernen Zweckbau im Norden von Tel Aviv errichtet wurde

Mit einer Sondermarke hat die israelische Postverwaltung an die Gründung des hebräischen Gymnasiums im Jahre 1905 erinnert

Die Bezalel-Akademie verfügt heute über moderne Unterrichtsgebäude auf dem Campus der hebräischen Universität auf dem Skopusberg in Jerusalem

komitees, zu dem auch Moser gehörte, übernahmen die Ehrenwacht an dem in seinem Arbeitszimmer aufgebahrten Theodor Herzl.

Mosers Engagement in Palästina zeigt bis in die Gegenwart hinein Wirkung. Das Herzlia-Gymnasium befindet sich seit 1958 in einem modernen Zweckgebäude im Norden von Tel Aviv; dort, wo es einst errichtet worden war, ragt seit 1960 der 140 Meter hohe Shalom-Tower in die Höhe. Nur wenige Meter von dem derzeitigen Schulstandort entfernt trägt eine kleine Straße den Namen des generösen Stifters: Rehov Yaakov Moser (Jacob-Moser-Straße).

Mit der Herausgabe einer Sondermarke und mit einem Sonderstempel erinnerte die israelische Postbehörde im Jahre 2005 an die Gründung des ersten hebräischen Gymnasiums der Welt. Die Schulverwaltung selbst nahm das Jubiläum zum Anlass, Architekt Barsky und Förderer Moser zu würdigen: Sie werden in anerkennender Weise in der Inschrift einer Bronzeplatte erwähnt, angebracht an einem ebenfalls zur 100-Jahr-Feier errichteten Tor, das in abstrahierter Form Stilelemente des historischen Schulgebäudes aufnimmt.

Auch die »Bezalel«-Schule hat sich weiterentwickelt. Sie nennt sich heute offiziell »The Bezalel Academy of Arts and Design«, verfügt als renommierteste Kunstakademie Israels über einen Hochschulstatus und hat ihren Sitz inzwischen auf dem Campus der hebräischen Universität auf dem Skopusberg nordöstlich der Altstadt von Jerusalem. Im Stadtteil Rehavia, nicht weit vom israelischen Parlament, der Knesset, entfernt, befindet sich das stattliche Gebäude des von Moser in der Gründungsphase unterstützten hebräischen Gymnasiums Jerusalem.

Eine kleine Straße in der Nähe des heutigen Gymnasiums trägt den Namen Jacob Mosers: Rehov Yaakov Moser

Einsatz für Alte, Kranke, Schwache

Auch wenn sich Jacob Moser in herausragender Weise für jüdische und zionistische Anliegen eingesetzt hatte, so vernachlässigte er nicht im geringsten die Interessen von Bradford, »das ihm lieb und teuer war«. Seine Fürsorge galt dort vor allem den schwachen, alten und kranken Menschen. »Die ganze Geschichte von Mosers Wohltaten wird niemals erzählt werden können, da vieles davon nur den Begünstigten bekannt ist«, notierte der »Yorkshire Observer« 1922 voller Respekt vor Leben und Wirken des großherzigen Philanthropen und blickte dabei zunächst auf dessen Einsatz für die Stadt Bradford und ihre Bürgerschaft. Als »eine seiner großzügigsten Taten« wird eine Spende von 10.000 Pfund an einen Fonds für hilfsbedürftige Arbeiter in Bradford im Jahre 1898 gepriesen – lange bevor eine entsprechende Gesetzgebung (»Old English Pensions Act«) in Kraft getreten war. Zusammen mit seiner Ehefrau, die – wie berichtet wurde – »ihm eine aufopfernde, unermüdliche und kluge Mitarbeiterin«

war, betrieb er von Bradford aus den Aufbau eines Systems freiwilliger Armenpflege (»City League of Help«) in England. Er unterstützte das königliche Krankenhaus in der Stadt durch Finanzhilfen und aktive Mitarbeit im Verwaltungsrat, stiftete der städtischen Zentralbibliothek 12.000 Bücher, förderte eine Kindertagesstätte mit der Bezeichnung »Nest« und setzte sich für eine Hilfsorganisation für entlassene Häftlinge ein, um nur einige Beispiele für sein breit angelegtes kommunales Engagement zu nennen.

Friedensrichter und Oberbürgermeister

Moser erfreute sich in der Bürgerschaft von Bradford großer Zustimmung und konnte sich letztlich der vielfach ausgesprochenen Aufforderung nicht entziehen, auch wichtige Kommunalämter zu übernehmen. So wurde er 1895 zum Friedensrichter (»Justice of the Peace«) ernannt – ein Amt auf Lebenszeit, das ihm nach Einschätzung der Zeitschrift »Der Israelit« (»Central-Organ für das orthodoxe Judenthum«) »besonders ansteht, da er durch seinen rechtlichen und gerechten Sinn sich auszeichnet«. Im darauffolgenden Jahr wurde er in den Stadtrat gewählt. Seine mehrjährige erfolgreiche Arbeit im Stadtparlament fand über Parteigrenzen hinweg und in der Bevölkerung Anerkennung und Respekt, so daß er – getragen von allen Fraktion und der Sympathie der Bürger – 1910 zum Oberbürgermeister (»Lord Mayor«) gewählt wurde. Sein Arbeitsschwerpunkt in diesem Amt lag auf dem Gebiet des Gesundheits- und Bildungswesens. Als Oberbürgermeister fungierte er zwar nur kurze Zeit – in Bradford ist ein jährlicher Wechsel in diesem Amt obligatorisch –, doch allein zwei Jahrzehnte lang wirkte er als hochgeschätztes Magistratsmitglied für das allgemeine Wohl seiner Wahlheimat.

Jacob Moser als Lord Mayor von Bradford 1910/11 in voller Amtstracht

»Tiefe Liebe zur Geburtsstadt Kappeln«

»Obwohl er ein aufrechter Bradforder ist, hat der Bürgermeister seine tiefe Liebe zur kleinen Stadt Kappeln bewahrt«, hob der »Bradford Weekly Telegraph« nach der Wahl Mosers zum Lord Mayor in einem ganzseitigen Bericht unter der Überschrift »Local Worthy of the Week« (»Der Held der Woche«) hervor. Fast jährlich besuchte er auf seinen Reisen, die ihn in viele Länder auf dem europäischen Festland, aber auch in die Vereinigten Staaten von Amerika, nach Kanada, Nordafrika und in den Nahen Osten führten, seine Vaterstadt an der Schlei sowie Rendsburg, wo die Familie seiner Mutter lebte.
Seine starke Verbundenheit mit seiner alten Heimat stellte Moser, der in Bradford durch Einbürgerung zum Engländer geworden war, sich aber eher als Weltbürger verstand, unter Beweis, als in Kappeln 1878 Pläne für einen Krankenhausbau reiften und die Initiatoren händeringend nach Finanzierungsmöglichkeiten suchten. »Dem Gedächtnis des verstorbenen Vaters zu Ehren und aus Liebe zu seiner

BRADFORD, FRIDAY, NOVEMBER 11, 1910.

(Registered at the General Post Office for transmission as a Newspaper.)

LOCAL WORTHY OF THE WEEK.

MR. JACOB MOSER, J.P., LORD MAYOR.

THE LORD MAYOR OF BRADFORD.
(Mr. JACOB MOSER, J.P.)

THE LADY MAYORESS.
(Mrs. MOSER).

Mr. Jacob Moser, J.P., the newly-elected Lord Mayor of Bradford—the ... possibilities both here and abroad, character which stood highly to their credit in all their dealings ... (the National Gallery as a memorial in the name of the Jewish community, of the ... Mr. and Mrs. Moser, but although the Cinderella Club put forth a very creditable ...

Der »Bradford Weekly Telegraph« kürte Jacob Moser 1910 zum »Held der Woche« (»Local Worthy of the Week«)

Vaterstadt gewährte uns Herr J. Moser für unsern Anstaltsbau ein Geldgeschenk von nicht weniger als 10.000 Mark«, vermerkte das Krankenhauskuratorium in seinen Annalen. Diese Spende »half uns unvermuthet rasch auf die Beine«. Im Eingangsbereich des 1882 eröffneten Krankenhauses wurde als Dank an den Stifter und zur Erinnerung an dessen Vater eine Marmorplatte mit folgender Inschrift angebracht: »In ehrender Erinnerung gewidmet unserem lieben Mitbürger Herrn M. J. Moses, geboren in Kappeln am 6. Octbr. 1809, gestorben daselbst am 4. Decbr. 1879.« Seit dem Abbruch des alten Hospitals 1984 befindet sich diese Gedenkplatte im Hause der Diakonie. Der wohltätige Spender aus Bradford stiftete zudem 10.000 Mark für das städtische Altersheim und begründete ein Moses'sches Legat zur Unterstützung von in Not geratenen Kappelner Bürgern.

Ein weiteres kommunales Großprojekt in der Schleistadt wäre in jener Zeit ohne die Familie Moser nicht zustande gekommen: der Aufbau einer modernen Wasserversorgung. Jacob Moser, zu dem der Kappelner Bürgermeister Wilhelm Schreck freundschaft-

Diese Gedenkplatte erinnert an den Kappelner Kaufmann Moses Jacob Moses und den Einsatz seines Sohnes Jacob Moser für den Bau des Krankenhauses

liche Beziehungen unterhielt, und sein Bruder Emil Moser, der ebenfalls in Bradford als erfolgreicher Kaufmann tätig war, fanden sich bereit, ihrer Geburtsstadt durch ansehnliche Finanzhilfen den Wasserwerksbau zu ermöglichen. Mit insgesamt 67.000 Mark übernahmen sie über die Hälfte der Investitionskosten.

»In dankbarer Anerkennung seiner hervorragenden Verdienste um die Stadt Kappeln sowie zum Zeichen der besonderen Wertschätzung seiner Person und seiner Familie« verlieh das Stadtverordnetenkollegium 1909 in einer Sondersitzung Jacob Moser das Ehrenbürgerrecht von Kappeln. Diese Entscheidung löste bei ihm eine »große Freude« aus, so Moser in seinem Dankesschreiben. »Die Empfindung, verbunden mit dem Bewußtsein, jetzt das Ehrenbürgerrecht in meiner Heimatstadt gewonnen zu haben, läßt sich durch Worte schwer kundgeben.« Der Ehrenbürgerbrief wurde Moser in Bradford zu seinem 70. Geburtstag per Post zugestellt. Eine weitere Auszeichnung, die Moser in jenen Monaten zuteil wurde, nahm er am Rande des IX. Zionistenkongresses in Hamburg entgegen, zu dem er Ende Dezember 1909

Festgesellschaft in Kappeln zur Einweihung des Wasserwerks 1910 mit dem generösen Stifter Jacob Moser (1. Reihe, 2. von rechts)

als Delegierter angereist war. In »höherem Auftrag« handelnd, überreichte ihm Kappelns Bürgermeister Schreck den »Roten Adlerorden«, eine kaiserlich-preußische Verdienstmedaille. Drei Jahre später wurde Jacobs Bruder Emil Moser ebenfalls mit einem solchen Orden geehrt.
Die Einweihungsfeier für das Wasserwerks 1910 wurde zu einem großen Ehrentag für Jacob Moser. Nicht nur die Stadt Kappeln, selbst Wilhelm II, der deutsche Kaiser, wisse Mosers großmütiges Engagement zu schätzen und sei dem Stifter zu tiefem Dank verpflichtet, versicherte Bürgermeister Schreck. Die Reaktion Mosers auf so viel Dank und Lob wurde von der Lokalzeitung »Der Schlei-Bote« folgendermaßen beschrieben: »Atemlose Stille trat ein, als Herr Moser-Bradford sich erhob und gerührt, in herzgewinnenden Worten dem Bürgermeister entgegnete: ›Seiner lieben Vaterstadt Kappeln gälten seine Gefühle. Es sei keine leichte Aufgabe für ihn, auf das soeben Gehörte zu antworten. Er glaube, man überschätze ihn, es sei doch kein Verdienst, etwas zu tun, was man gerne getan. Die Hochschätzung, die die Stadt Kappeln ihm habe angedeihen lassen, habe ihn

Der jüdischen Gemeinde in Rendsburg fühlte sich Jacob Moser (auf dem Foto 2. von links) eng verbunden. In der Kanalstadt lebte die Familie seiner Mutter. Diese Aufnahme entstand 1903 während eines Verwandtenbesuchs in Rendsburg

hoch erhoben und mit seiner Vaterstadt aufs neue fest verbunden. [...] Er habe seine Freude daran, in Kappeln zu weilen, und glaube an ihren Fortschritt. Was er getan bedeute nichts, aber was Kappeln heute habe, sei frisches, sprudelndes, lebendiges Wasser.‹ – Diesen von Bescheidenheit getragenen Worten folgte der impulsive Ausdruck der Tafelgesellschaft in dem Rufe: Moser lebe hoch!«

Der deutsche Kaiser war auf Moser spätestens dann aufmerksam geworden, als dieser Senator der Kaiser-Wilhelm-Gesellschaft zur Förderung der Wissenschaften in Berlin wurde. Zur Eröffnung des Nord-Ostsee-Kanals 1895 stiftete Moser der Deutschen Gesellschaft zur Rettung Schiffbrüchiger 5.000 Mark, die ihn daraufhin zu ihrem Ehrenmitglied ernannte. Zahlreiche weitere Ehrenmitgliedschaften sind ihm angetragen worden. So wurde er – um jeweils ein Beispiel aus seiner alten und seiner neuen Heimat zu nennen – Ehrenmitglied der jüdischen Gemeinde Rendsburg, die er ebenfalls mit Legaten bedacht hatte, und Ehrenmitglied des Schillervereins von Bradford.

»Ein Prinz der Juden ist gefallen«

Jacob Moser war auf vielen Feldern in philanthropischem Sinne tätig, im Mittelpunkt seines Interesses aber stand die Entwicklung »seiner« Projekte in Palästina. Die Vorbereitungen für eine erneute Reise in den Nahen Osten 1921 waren bereits abgeschlossen, als seine Ehefrau, die ihn wiederum begleiten sollte, erkrankte und kurz darauf verstarb. Moser sagte nicht nur die Reise ab, sondern zog sich – selbst schwach und oft kränkelnd – zunehmend aus dem öffentlichen Leben zurück. Er überlebte seine Frau nur kurz: Im Alter von 83 Jahren starb er am 18. Juli 1922 in seinem Hause Oak Villas 10 im Bradforder Stadtteil Manningham – zwei Tage nach der Theodor-Herzl-Gedenkfeier.

»Es ist schwer, sich Bradford ohne Jacob Moser vorzustellen«, würdigte die Lokalzeitung »Yorkshire Observer« dessen Lebenswerk. Bradford sei ärmer durch den Tod Mosers, doch würde es reicher werden, wenn viele seinem Beispiel folgen würden. Mit den Worten »Es ist wahrlich ein Prinz der Juden gefallen« unterstrich »The Jewish Chronicle« aus London die Bedeutung von Jacob Mosers Einsatz für jüdische Institutionen und die zionistische Bewegung. Die »Jüdische Rundschau« aus Berlin erinnerte an die zionistischen Weltkongresse, auf denen sich Moser »der größten Sympathien erfreute«: »Das Hinscheiden dieser patriarchalischen Gestalt wird in zionistischen Kreisen das größte Bedauern hervorrufen.« Nicht nur dort – auch Mosers Vaterstadt trauerte über den Tod ihres Ehrenbürgers. »Diese Nachricht wird in unserer Stadt tief bedauert«, stellte die Lokalzeitung nüchtern fest.

Florence und Jacob Moser besitzen ein gemeinsames Grab auf dem jüdischen Friedhof in Bradford, jenem Begräbnisort, der einst auf Initiative und mit Unterstützung von Moser geschaffen worden war. Die englischsprachige Inschrift auf dem Grabstein lautet, ins Deutsche übersetzt:

> »Denn Rechtschaffenheit erzeugt Frieden,
> und die Belohnung für Rechtschaffenheit
> sind Ruhe und Glück für immer.«

Das gemeinsame Grab von Florence und Jacob Moser auf dem jüdischen Friedhof von Bradford

Quellen- und Literaturhinweise

Landesarchiv Schleswig-Holstein in Schleswig, Abt. 309, Abt. 150.3.

Staatsarchiv Hamburg, Jüdische Gemeinden.

Stadtarchiv Kappeln, Best.-Nr. 1756 und 1309.

Stadtarchiv Rendsburg, Magistratsakten.

Centrum Judaicum Berlin, Gesamtarchiv: Rendsburg.

Archiv des Jüdischen Museums Rendsburg, Dokumente zu den Familien Nathan, Simon und Moses/Moser.

Yorkshire Archive, Bradford, Jacob Moser, Business and personal papers.

C(esar) C. Aronsfeld: German Jews in Victorian England, in: Year Book VII of the Leo Baeck Institute, London 1962.

Douglas S. Charing: The Mosers of Bradford, in: Old West Riding, Magazin, New Series 14, Huddersfield 1994.

Eduard Duckesz: Synagoge und Friedhof in Rendsburg, in: Jahrbuch für die jüdischen Gemeinden Schleswig-Holsteins und der Hansestädte, Nr. 7, Hamburg 1935/36.

Nigel Grizzard: Follow Bradford's Jewish Heritage Trail, Bradford 1991.

Theodor Herzl: Briefe und Tagebücher, herausgegeben von Axel Bein, Hermann Greive, Moshe Schaerf und Julius H. Schoeps, sieben Bände, Frankfurt/M., Berlin 1983-96.

Anna Minta: Israel bauen – Architektur, Städtebau und Denkmalpolitik nach der Staatsgründung 1948, Berlin 2004.

Mordecai Naor: Eretz Israel – Das 20. Jahrhundert, Köln 1998.

Ilona Oltuski: Kunst und Ideologie des Bezalels in Jerusalem, Band V der Frankfurter Fundamente der Kunstgeschichte, Frankfurt am Main 1988.

Bernd Philipsen: Jacob Moser, in: Biographisches Lexikon für Schleswig-Holstein und Lübeck, herausgegeben von der Schleswig-Holsteinischen Landesbibliothek unter Mitwirkung des Vereins für Lübeckische Geschichte und Altertumskunde, Band 12, Neumünster 2006.

Bernd Philipsen: Als Dank für »viele Beweise unermüdlicher Fürsorge und wohlwollender Anteilnahme« - Der Philanthrop und Herzl-Freund Jacob Moser wurde 1919 zum Ehrenmitglied der jüdischen Gemeinde ernannt, in: Rendsburger Jahrbuch, Rendsburg 2004.

Bernd Philipsen: Vor 100 Jahren in Wien: Der Kappelner Jacob Moser gibt seinem Freund Herzl das letzte Geleit, in: Flensburger Tageblatt, Schlei-Bote und Schleswiger Nachrichten vom 3.7.2004.

Bernd Philipsen: Heimatverbundener Weltbürger, in: Flensburger Tageblatt, Schlei-Bote und Schleswiger Nachrichten vom 1.2.2003.

Bernd Philipsen: Erfolgreicher Unternehmer und großmütiger Philanthrop – Leben und Wirken des Jacob Moser (Kappeln/Bradford), in: Jahrbuch des Heimatvereins der Landschaft Angeln, 66. Jahrgang, Kappeln 2002.

Dieter Pust: Jüdische Familien in Kappeln im 19. Jahrhundert, in: Jahrbuch des Heimatvereins der Landschaft Angeln, 65. Jahrgang, Kappeln 2001.

A(aron) R(apoport) Rollin: The Jewish Contribution to the British Textile Industry, in: Transactions of the Jewish Historical Society of England, Vol. 17, London 1951/52.

Humbert Wolfe: Now a stranger, Autobiographie, London, Toronto, Melbourne, Sydney 1933.

Abbildungsnachweis
Archiv des Jüdischen Museums Rendsburg – *Titelblatt, Seite 6, 53*
Robert Leitch – Seite 16, 57
Julius H. Schoeps: Theodor Herzl 1860–1904, Wien 1995 (Central Zionist Archives, Jerusalem) – Seite 19
Jüdisches Lexikon, Band IV/2, Frankfurt am Main 1927 – Seite 22
Archiv des Herzlia-Gymnasiums Tel Aviv – Seite 27
Bernd Philipsen – Seite 29, 39, 41, 49
Archiv des Museumsbergs Flensburg – Seite 30
»Die Welt«, Ausgabe vom 12. 10. 1910 – Seite 35
Chana-Hilde Monin – Seite 37
Israelische Postbehörde – Seite 38
Stadtarchiv Kappeln – Seite 45, 51
»Bradford Weekly Telegraph«, Ausgabe vom 11. 11. 1910 – Seite 47

Bernd Philipsen
geb. 1941 in Schleswig, bis 2002 Leitender Redakteur beim Schleswig-Holsteinischen Zeitungsverlag in Flensburg, seitdem freier Journalist und Publizist. Zahlreiche Beiträge zu Fragen der regionalen Zeitgeschichte sowie Mitarbeit an Projekten zur NS-Geschichte und zur Geschichte der Juden in Schleswig-Holstein. Autor des Bandes »Leo Kufelnizky – Künstler – Pionier in Erez Isreal – Freund der Beduinen« in der Reihe JÜDISCHE MINIATUREN, Band 42.

HENTRICH & HENTRICH — STIFTUNG NEUE SYNAGOGE BERLIN CENTRUM JUDAICUM

Herausgeber Hermann Simon — GEGEN VERDRÄNGEN UND VERGESSEN

Neue Reihe

W. E. Platz und V. Schneider **Band 1**

Todesurteil per Meldebogen

Ärztlicher Krankenmord im NS-Staat
Beiträge zur »Aktion T4«

Krankenmorde gingen im NS-Staat der Massenvernichtung in den Konzentrationslagern voraus. Mehr als 70.000 Patienten wurden ermordet.
Anläßlich des letzten deutschen Euthanasie-Verfahrens wird im vorliegenden Bericht zum „Todesurteil per Meldebogen" auf den „Führererlaß" eingegangen.

90 Seiten, 9 Abb., Broschur,
€ 7,80, ISBN 3-938485-26-4

Weitergelebt **Band 2**

Jüdische Schicksale im II. Weltkrieg
Vorwort Ralph Giordano

Ein Projekt vom Schülerunternehmen des Alexander-von-Humboldt-Gymnasiums Hamburg Aus dem Vorwort:
„Wie reagieren Nachgeborene, Söhne und Töchter, wie die mittlerweile dritte, die Generation der Enkel, allesamt doch Kinder der Demokratie, auf „Auschwitz", dieses Synonym für die Historie des NS-Schreckens?...
Die Schülerinnen und Schüler des A.-v.-H.-Gymnasiums haben darauf eine Antwort gegeben."

110 Seiten, Broschur,
€ 9,90, ISBN 3-938485-47-7

Stefanie Endlich **Band 3**

»Vernichtung«, »Giftschrank«, »zweifelhafte Fälle«

Vorgeschichte und Folgen der Bücherverbrennung für jüdische Autoren, Verleger, Buchhändler und Bibliothekare

Das Ritual der Bücherverbrennungen im Mai 1933 war ein Akt kultureller Barbarei, zugleich der Auftakt zur systematischen Verbannung „unerwünschter" Künstler, Wissenschaftler und Politiker. Beschrieben werden die in der Weimarer Republik und in früheren Epochen wurzelnden Entwicklungslinien.

ca. 90 Seiten, ca. 10 Abb., Broschur,
ca. € 7,80, ISBN 978-3-938485-48-4

Band 4 in Vorbereitung
Folgeband zu Band 1: Todesurteil per Meldebogen, Beiträge zur »Aktion T4«